ce soir au menu, c'est

RISOTTO

LAURA ZAVAN

PHOTOGRAPHIES D'AKIKO IDA

MARABOUT

SOMMAIRE

ASTUCES

CARNAROLI, ARBORIO, VIALONE NANO

Qualités de riz les plus connues, cultivés dans la vallée du Pô, idéals pour le risotto.
Ces riz ronds sont riches en amidon, ainsi leurs grains se lient bien entre eux.
Ils absorbent bien les liquides et restent fermes sous la dent.
Le *Carnaroli* (18 minutes de cuisson) est considéré comme le « prince » des riz italiens.
Il reste toujours *al dente*.
L'*Arborio* (18 minutes de cuisson) est la variété la plus connue et la plus utilisée
hors de l'Italie.
Le *Vialone Nano* (15 minutes de cuisson) est la variété la plus cultivée et consommée
utilisée en Vénétie. Ce riz augmente beaucoup de volume. Il est idéal pour les risottos
all'onda (risottos plus « fluides », qui forment une « vague » à la surface de l'assiette
quand on l'incline).

DE BONS USTENSILES

Le risotto est un plat de l'instant, à préparer au dernier moment. Une fois qu'il est prêt,
il n'aime pas attendre… sinon sa texture change.
Un bon risotto est le résultat d'une cuisson lente et attentive qui ne demande pas plus
de 20 minutes ! (recette de base page 8).
Vous avez besoin d'une large casserole à fond épais (sauteuse), avec le couvercle,
une cuillère en bois pour mélanger le riz (de préférence avec un trou au milieu),
une casserole pour le bouillon, une louche pour le verser, une râpe à parmesan
pour la touche finale et une grande cuillère pour le servir…
Et voilà, vous êtes prêt pour commencer !

BOUILLON DE LÉGUMES
2 oignons | 2 carottes | 2 branches de céleri | 2 poireaux | 1 bouquet garni (persil, thym, laurier) | 2 c. à soupe de gros sel

Dans une grande casserole, portez à ébullition 2 litres d'eau avec les légumes. Salez et laissez cuire 40 minutes à feu moyen. Filtrez le bouillon. Vous pouvez ajouter à cette base des cosses de petits pois, des queues dures d'asperges...

BOUILLON DE BŒUF
À la base du bouillon de légumes, ajoutez 500 g de plat de côtes de bœuf et un os. Recouvrez avec 2 litres d'eau. Écumez puis réduisez le feu. Laissez frémir 2 heures à feu très doux. Salez à la fin. Filtrez, dégraissez. Si vous préparez un pot-au-feu, ajoutez un peu plus d'eau et congelez ensuite le bouillon.

BOUILLON DE VOLAILLE
À la base du bouillon de légumes, ajoutez une poule (ou des ailes et des cuisses). Recouvrez avec 2 litres d'eau, écumez à la première ébullition et laissez frémir au moins 1 heure 30. Filtrez, laissez refroidir pour dégraisser.

FUMET DE POISSON
50 g de beurre | 2 oignons | 2 poireaux | 500 g de parures de poissons | 1 bouquet garni (persil, thym, laurier) | quelques grains de poivre blanc | sel, poivre

Dans une casserole, faites revenir le beurre avec les oignons et les poireaux émincés pendant 5 minutes, ajoutez les parures de poissons bien nettoyées (votre poissonnier de confiance vous en fera cadeau), le bouquet garni et quelques grains de poivre blanc. Mouillez avec 2 litres d'eau froide, portez à ébullition, écumez puis faites cuire à feu moyen pendant 30 minutes. Rectifiez l'assaisonnement puis filtrez.

LA RECETTE DE BASE

10 MIN DE PRÉPARATION - 20 MIN DE CUISSON

POUR 6 À 8 PERSONNES

450 g de riz *Carnaroli* ou *Arborio* ou *Vialone Nano*

1,5 l de bouillon de viande ou de légumes (page 6)

1 oignon (100 g)

2 c. à soupe d'huile d'olive

20 g de beurre

10 cl de vin blanc sec (ou bouillon)

60 g de beurre froid

60 g de parmesan râpé

2 pincées de sel, poivre

1- Gardez le bouillon frémissant sur le feu.

2- Dans une casserole à fond épais, faites chauffer l'huile d'olive et 20 g de beurre, ajoutez l'oignon finement haché et laissez cuire doucement 5 minutes jusqu'à ce qu'il soit tendre.

3- Incorporez le riz (sans le laver), à feu vif, et mélangez-le 2 minutes avec une cuillère en bois pour qu'il s'imprègne du mélange d'oignons : il va devenir translucide et « chantera » sur les bords de la casserole. Ne le faites pas colorer. Mouillez avec le vin, laissez évaporer complètement en remuant, salez puis versez une louche de bouillon très chaud. Poursuivez la cuisson à feu moyen, versez le bouillon au fur et à mesure qu'il est presque absorbé, en remuant souvent.

4- À 3/4 de la cuisson du risotto, ajoutez les ingrédients supplémentaires (légumes, poissons...).

5- Au bout de 15 minutes, vérifiez la cuisson et l'assaisonnement. Le risotto doit rester fluide et ses grains bien fermes. Ajoutez encore un peu de bouillon, si nécessaire.

6- Éteignez le feu et *mantecare*, c'est-à-dire incorporez le beurre froid en morceaux et le parmesan râpé en mélangeant rapidement. Couvrez et laissez reposer 2 minutes. Cette opération rend le risotto crémeux.

7- Servez dans la casserole ou dans un grand plat ou dans des assiettes chaudes.

RISOTTO PRIMAVERA

40 MIN DE PRÉPARATION - 20 + 20 MIN DE CUISSON

POUR 6 PERSONNES

400 de riz *Vialone Nano* (de préférence)

huile d'olive

20 g + 50 g de beurre

60 g de parmesan râpé

1 oignon

10 cl de vin blanc sec

1,5 l de bouillon de légumes (page 6)

1 c. à café de sucre

sel, poivre

1 kg de légumes frais :
3 cœurs d'artichauts poivrade

1 botte d'asperges vertes (350 g)

100 g de haricots verts

2 petites carottes nouvelles

500 g de petits pois non écossés

2 oignons frais avec leur vert

250 g de petites courgettes

5 branches de persil

1- Écossez les petits pois, gardez les cosses pour le bouillon. Coupez les cœurs d'artichauts en quartiers et poêlez-les 5 minutes avec 1 cuillère à soupe d'huile d'olive, salez. Ébouillantez les pointes d'asperges 2 minutes et faites-les revenir dans du beurre avant de servir le risotto. Coupez les tiges tendres des asperges en fines rondelles, les courgettes, les haricots verts et les carottes en petits dés. Poêlez séparément, avec 1 cuillère à soupe d'huile et une noix de beurre, les rondelles d'asperges et les courgettes, 2 à 3 minutes, salez. Dans un peu de bouillon, faites cuire, les petits pois avec 2 oignons frais émincés et 1 cuillère à café de sucre pendant 5 minutes.

2- Dans une sauteuse, faites chauffer 2 cuillères à soupe d'huile d'olive, ajoutez l'oignon finement haché et les carottes coupées en petits dés, puis laissez cuire doucement pendant 5 minutes. Versez le riz, mélangez 2 minutes sur feu vif jusqu'à ce qu'il devienne translucide. Mouillez avec le vin, laissez évaporer en remuant, puis salez. Versez une louche de bouillon chaud, incorporez les haricots verts et les petits pois. Poursuivez la cuisson à feu doux en ajoutant le bouillon dès qu'il est absorbé. Dix minutes après, ajoutez tous les autres légumes poêlés. Poursuivez la cuisson 4 à 5 minutes.

3- Hors du feu, ajoutez le persil haché, le beurre et le parmesan, mélangez rapidement. Laissez reposer 2 minutes à couvert. Servez *all'onda* (fluide).

RISOTTO AUX ASPERGES VERTES ET AU MASCARPONE

30 MIN DE PRÉPARATION - 25 MIN DE CUISSON

POUR 6 PERSONNES

450 g de riz *Vialone Nano*
(de préférence)

1 kg d'asperges vertes

1,5 l de bouillon
de légumes

10 cl de vin blanc sec

1 oignon

2 c. à soupe d'huile
d'olive

20 g de beurre

100 g de mascarpone

80 g de parmesan râpé

sel, poivre

1- Coupez la partie la plus dure des asperges que vous pourrez ajouter au bouillon. Coupez les tiges tendres en rondelles et faites-les revenir dans le beurre, à feu doux, 2 à 3 minutes, puis salez. Les asperges doivent rester croquantes. Ébouillantez les pointes, 2 minutes à l'eau salée, et faites-les revenir 1 minute dans du beurre. Réservez.

2- Préparez le risotto : dans une casserole à fond épais, faites revenir 5 minutes, à feu doux, l'oignon finement haché avec l'huile d'olive. Versez le riz et mélangez-le à feu vif 2 minutes, sans le colorer. Mouillez avec le vin, laissez évaporer, salez. Ajoutez au fur et à mesure le bouillon chaud, en remuant de temps en temps. Laissez cuire environ 15 minutes, goûtez et rectifiez l'assaisonnement.

3- Hors du feu, incorporez le mascarpone, le parmesan, le poivre, les rondelles et les pointes d'asperges.

4- Couvrez et laissez reposer 2 minutes avant de servir.

RISI E BISI (RIZ AUX PETITS POIS)

30 MIN DE PRÉPARATION - 25 + 20 MIN DE CUISSON

POUR 6 PERSONNES

400 g de riz *Vialone Nano*

1,5 l de bouillon de
viande (ou de légumes)

1 kg de petits pois frais
non écossés (ou 500 g
de petits pois surgelés
extra-fins)

60 g de pancetta (poitrine
fumée) ou de jambon cru

2 oignons frais

2 c. à soupe d'huile
d'olive

1 c. à soupe de persil
haché

50 g de beurre

60 g de parmesan râpé

vert du fenouil (facultatif)

sel, poivre

1- Écossez les petits pois puis lavez-les. Faites cuire les cosses
dans le bouillon pour donner plus de goût à votre risotto.

2- Dans une casserole à fond épais, faites revenir les oignons
hachés et la poitrine coupée en petits dés dans l'huile d'olive.

3- Au bout de quelques minutes, incorporez les petits pois
et ajoutez une louche de bouillon.

4- Dès que l'ébullition a repris, versez le riz : mélangez-le
2 minutes pour qu'il s'imprègne bien de l'assaisonnement.
Mouillez avec le bouillon, salez et laissez cuire à feu doux
15 à 18 minutes, en remuant de temps en temps. Vérifiez
l'assaisonnement.

5- Hors du feu, incorporez le persil et le vert du fenouil hachés,
le poivre, le beurre et le parmesan. Couvrez 2 minutes avant
de servir. Ce plat est servi *all'onda* : bien fluide.

RISOTTO AUX ARTICHAUTS VIOLETS

15 MIN DE PRÉPARATION - 10 + 20 MIN DE CUISSON

POUR 6 PERSONNES

450 g de riz *Carnaroli*
ou *Arborio*

1 dizaine de petits
artichauts violets

60 g de jambon de Parme

1,5 l de bouillon
de volaille

10 cl de vin blanc sec

le jus de 1 citron

2 échalotes hachées

1 gousse d'ail

4 c. à soupe d'huile
d'olive

1 c. à soupe de persil
haché

10 + 60 g de beurre froid

80 g de parmesan râpé

sel, poivre

1- Nettoyez les artichauts, coupez environ 1,5 cm de leur tête
et la queue. Enlevez les feuilles les plus dures et le foin
à l'intérieur. Mettez les artichauts dans de l'eau citronnée
pour qu'ils ne noircissent pas. Coupez-les en 8 quartiers puis
faites-les revenir à la poêle, avec 2 cuillères à soupe d'huile
d'olive et 1 gousse d'ail, baissez le feu et faites-les cuire
pendant 6 à 8 minutes (ajoutez un peu de bouillon
si nécessaire). Coupez le jambon en lamelles et faites-le revenir
1 minute à la poêle avec 10 g de beurre.

2- Dans une casserole à fond épais, faites revenir doucement
les échalotes hachées avec 2 cuillères à soupe d'huile d'olive.
Versez le riz et mélangez-le sur feu vif 2 minutes, sans
le colorer. Versez le vin blanc, laissez évaporer et mouillez
avec une louche de bouillon chaud, salez. Poursuivez
la cuisson, à feu moyen, en versant du bouillon au fur
et à mesure. Au bout de 10 minutes, ajoutez les artichauts
poêlés et le jambon.

3- Dès que le riz est cuit, incorporez, hors du feu, le persil
haché, le poivre, 60 g de beurre froid et le parmesan.
Laissez reposer 2 minutes, à couvert, avant de servir.

RISOTTO AU GINGEMBRE ET AUX LANGOUSTINES

30 + 15 MIN DE PRÉPARATION - 30 + 20 MIN DE CUISSON

POUR 6 PERSONNES

400 g de riz *Carnaroli*

18 à 24 langoustines

20 g de gingembre frais

1,5 l de fumet
de langoustine

10 cl de vin blanc sec

1 oignon

2 branches de thym

huile d'olive

60 g de beurre froid

30 g de parmesan

sel, poivre

**Pour le fumet
de langoustine**

les carapaces et les têtes
de langoustines

1 carotte

1 oignon

1 branche de céleri

2 c. à soupe d'huile
d'olive

du persil, du basilic
et du thym

2 l d'eau

10 cl de vin blanc sec

sel, poivre en grains

1 - Pour préparer le fumet, décortiquez les langoustines. Gardez les queues de côté. Faites revenir, à feu vif, les têtes et les carapaces écrasées avec l'huile, les herbes et les légumes coupés en dés. Mouillez avec le vin, ajoutez ensuite 2 litres d'eau et quelques grains de poivre. Écumez souvent, dès l'ébullition, et laissez frémir pendant 30 minutes. Filtrez et salez.

2 - Dans une casserole, faites revenir, à feu doux, l'oignon avec 2 cuillères à soupe d'huile d'olive pendant 5 minutes. Versez le riz, mélangez-le 2 minutes sur feu vif. Mouillez avec le vin, laissez évaporer en remuant. Ajoutez le fumet bouillant au fur et à mesure que le riz l'absorbe. Salez.

3 - Poêlez les queues de langoustines avec 1 cuillère à soupe d'huile d'olive et le thym pendant 1 minute. Salez et poivrez.

4 - Terminez la cuisson du riz (18 minutes environ) et *mantecare* : hors du feu, incorporez le beurre, la moitié des langoustines coupées en morceaux, le gingembre râpé. Couvrez, laissez reposer 2 minutes avant de servir.

5 - Décorez avec les queues de langoustines entières.

TIMBALE VERTE AUX FÈVES ET AUX CREVETTES

40 MIN DE PRÉPARATION - 30 MIN DE CUISSON

POUR 6 PERSONNES

400 g de riz *Carnaroli*

500 g de crevettes cuites

500 g de fèves (ou 250 g de fèves congelées, déjà épluchées)

2 oignons frais

1,25 l de bouillon de légumes

2 c. à soupe de persil haché

2 c. à soupe de basilic ciselé

2 c. à soupe de menthe ciselée

huile d'olive

1 oignon

10 cl de vin blanc sec

50 g de beurre

50 g de parmesan râpé

sel, poivre

1- Mixez le persil, le basilic, la menthe, 2 pincées de sel, 5 cuillères à soupe d'huile d'olive et 10 cl de bouillon (une louche).

2- Décortiquez les crevettes et laissez-les mariner dans la moitié de la sauce aux herbes.

3- Ébouillantez les fèves écossées 2 minutes dans l'eau salée puis épluchez-les.

4- Mettez 2 cuillères à soupe d'huile d'olive dans une poêle et faites revenir 3 à 4 minutes les fèves avec les oignons frais hachés. Mettez de côté et gardez la moitié des fèves pour décorer le plat.

5- Dans une casserole, faites cuire doucement l'oignon haché avec 2 cuillères à soupe d'huile d'olive pendant 5 minutes. Faites revenir le riz 2 minutes en mélangeant ; mouillez-le avec le vin blanc, laissez évaporer, salez. Ajoutez le bouillon au fur et à mesure. Au bout de 15 minutes, éteignez le feu (le riz doit être bien *al dente*). Incorporez la sauce aux herbes restantes, la moitié des fèves, le beurre et le parmesan.

6- Beurrez des moules individuels, recouvrez le fond de papier sulfurisé puis répartissez le risotto. Enfournez les timbales à four chaud (200 °C) et laissez cuire 10 minutes.

7- Démoulez chaque timbale en la retournant sur une assiette, décorez avec les fèves restantes et les crevettes marinées.

COURONNE DE RISOTTO *ET PEPERONATA*

20 MIN DE PRÉPARATION - 40 MIN DE CUISSON

POUR 6 PERSONNES

400 g de riz *Carnaroli*
ou *Arborio*

1,25 l de bouillon de
volaille (ou de légumes)

1 oignon

2 c. à soupe d'huile
d'olive

60 g de beurre

60 g de parmesan râpé

1 bouquet de basilic

**Pour la *peperonata*
(sauce aux poivrons)**

6 ou 7 poivrons
(rouges, jaunes, verts)

6 tomates mûres
(ou 1 boîte de 400 g
de tomates concassées)

4 oignons rouges

1 bouquet de basilic

3 c. à soupe d'huile
d'olive

sel, poivre

1- Pour préparer la *peperonata*, coupez les poivrons
en gros morceaux, émincez les oignons ; coupez les tomates
en quartiers et épinez-les. Faites chauffer 3 cuillères à soupe
d'huile d'olive dans une casserole, faites-y revenir les oignons
2 minutes à feu vif, ajoutez les poivrons et les tomates,
la moitié des feuilles de basilic. Faites cuire la préparation
à feu vif en mélangeant souvent. Attendez que les légumes
aient rendu leur eau avant de baisser le feu, salez, poivrez
et poursuivez la cuisson à couvert, à feu doux, jusqu'à
ce que les poivrons soient tendres, mais encore fermes
(environ 20 minutes). Hors du feu, incorporez les feuilles
du basilic restant, grossièrement hachées.

2- Dans une casserole, faites cuire doucement l'oignon émincé
avec 2 cuillères à soupe d'huile d'olive. Dès qu'il est tendre,
versez le riz. Faites-le revenir 2 minutes en remuant avec une
cuillère en bois. Mouillez avec une louche de bouillon chaud,
salez. Ajoutez du bouillon au fur et à mesure qu'il est absorbé.

3- Éteignez le feu 3 minutes avant la fin de la cuisson (le riz
doit être bien *al dente*) et *mantecare* : incorporez
le basilic haché, le beurre en morceaux et le parmesan.

4- Transférez le risotto dans un moule en couronne beurré.
Enfournez-le à 200 °C et laissez cuire 10 minutes.
Démoulez en le retournant sur une grande assiette.
Servez avec la *peperonata* au milieu.

RISOTTO AUX TOMATES ET AU BASILIC

25 MIN DE PRÉPARATION - 25 MIN DE CUISSON

POUR 6 PERSONNES

400 g de riz *Carnaroli* ou *Arborio*

1 kg de tomates fraîches bien mûres

12 à 18 tomates cerises

1,5 l de bouillon de volaille (ou de légumes)

1 bouquet de basilic

1 oignon

1 gousse d'ail

5 c. à soupe d'huile d'olive

60 g de beurre froid

60 g de parmesan

sel, poivre

1- Incisez la peau des tomates, plongez-les dans l'eau bouillante 1 minute puis rafraîchissez-les avant de leur enlever la peau et de les épépiner. Coupez-les en morceaux et faites-les revenir à la poêle 2 minutes avec 2 cuillères à soupe d'huile d'olive et 1 gousse d'ail écrasée. Salez, poivrez puis ajoutez la moitié du basilic ciselé.

2- Poêlez 1 minute à feu vif les tomates cerises avec une cuillère à soupe d'huile d'olive.

3- Dans une casserole, faites revenir doucement l'oignon haché dans 2 cuillères à soupe d'huile d'olive pendant 5 minutes. Versez le riz et mélangez-le 2 minutes sur feu vif. Jusqu'à ce qu'il devienne nacré. Mouillez avec une louche de bouillon très chaud puis ajoutez les tomates concassées. Mélangez bien avec une cuillère en bois. Ajoutez le bouillon chaud au fur et à mesure qu'il est absorbé.

4- Au bout de 18 minutes, quand le riz est *al dente*, éteignez le feu puis incorporez le beurre en morceaux, le parmesan et le basilic ciselé.

5- Laissez reposer 2 minutes avant de servir.

6- Décorez avec les tomates cerises poêlées et quelques feuilles de basilic.

RISOTTO AUX COURGETTES ET FILETS DE ROUGET

30 MIN DE PRÉPARATION - 30 MIN DE CUISSON

POUR 6 PERSONNES

400 g de riz *Carnaroli*
ou *Arborio*

500 g de petites
courgettes

6 petits rougets
(1 kg environ)
ou 12 petits filets
de rouget

1,5 l de fumet de poisson
(page 6)

10 cl de vin blanc sec

1 oignon

1 gousse d'ail

3 ou 4 branches de thym

5 c. à soupe d'huile
d'olive

60 g de beurre

30 g de parmesan râpé

sel, poivre

1- Demandez à votre poissonnier de lever les filets des rougets
et gardez les têtes et les arêtes pour préparer le fumet.
Retirez les arêtes des rougets avec une petite pince.
Dans une poêle antiadhésive bien chaude, faites cuire
les rougets côté peau 1 minute à feu vif dans 1 cuillère
à soupe d'huile d'olive. Maintenez-les au chaud.

2- Coupez les courgettes en petits dés, poêlez-les 3 minutes
avec 2 cuillères à soupe d'huile d'olive, la gousse d'ail entière
et le thym, salez. Gardez-les de côté (ôtez l'ail).

3- Dans une casserole, faites revenir l'oignon haché avec
2 cuillères à soupe d'huile d'olive. Versez le riz, mélangez-le
2 minutes jusqu'à ce qu'il devienne translucide. Mouillez
avec le vin et laissez évaporer en remuant. Continuez
la cuisson en ajoutant du bouillon chaud au fur et à mesure
que le riz l'absorbe et mélangez souvent. Au 3/4 de la cuisson
du riz, incorporez les courgettes poêlées. Au bout de
18 minutes environ, éteignez le feu et *mantecare* : ajoutez
le beurre froid et le parmesan, mélangez bien puis laissez
reposer à couvert pendant 2 minutes.

4- Servez sur des assiettes chaudes avec 2 filets de rouget.

RISOTTO AU MELON ET AU CITRON

20 MIN DE PRÉPARATION - 25 MIN DE CUISSON

POUR 6 PERSONNES

400 g de riz *Carnaroli*
ou *Arborio*

1 melon mûr
de 1 kg environ

1,5 l de bouillon de
viande ou de légume

3 c. à soupe de marsala
(ou de porto)

1 branche de céleri

1 oignon doux

2 c. à soupe d'huile
d'olive

20 + 50 g de beurre

50 g de parmesan râpé

zeste râpé de 1 citron
non traité

sel, poivre

1- Coupez le melon en deux puis enlevez les pépins.
Avec une cuillère « parisienne » taillez des petites boules
dans le melon, raclez la pulpe restante et réservez-la.
2- Dans une poêle, faites chauffer 20 g de beurre et faites-y
cuire, à feu doux, 1/2 oignon finement haché 5 à 7 minutes.
Ajoutez les petites boules de melon et faites-les revenir
1 minute.
3- Dans une sauteuse, faites chauffer 2 cuillères à soupe
d'huile d'olive, ajoutez l'oignon, le céleri et la pulpe restante
du melon finement hachée laissez cuire doucement 5 minutes.
Versez le riz et, avec une cuillère en bois, mélangez
constamment sur feu vif pendant 2 minutes jusqu'à ce
qu'il devienne translucide. Mouillez avec le marsala, laissez
évaporer, versez une louche de bouillon chaud, remuez
et salez. Ajoutez du bouillon progressivement dès qu'il est
absorbé. Poursuivez la cuisson à feu doux 18 minutes environ.
4- Hors du feu, rectifiez l'assaisonnement, incorporez
les petites boules de melon, le zeste de citron finement
râpé, 50 g de beurre et le parmesan. Mélangez bien,
couvrez et laissez reposer 2 minutes avant de servir.

RISOTTO NOIR AUX SEICHES

15 MIN DE PRÉPARATION - 15 + 20 MIN DE CUISSON

POUR 6 PERSONNES

400 g de riz *Vialone Nano* (de préférence)

6 seiches nettoyées (environ 500 g)

1 c. à soupe de noir de seiche

25 cl de vin blanc sec

1,5 l de fumet de poisson (ou de bouillon de légumes) (page 6)

3 à 4 échalotes hachées (80 à 100 g)

2 + 2 c. à soupe d'huile d'olive

30 g de beurre froid

30 g de parmesan râpé

sel, poivre

1- Faites revenir doucement à la poêle 1/3 des échalotes hachées avec 2 cuillères à soupe d'huile d'olive. Ajoutez les seiches coupées en lanières (ou entières, si elles sont petites) et faites-les dorer 3 minutes à feu vif. Mouillez avec la moitié du vin, laissez évaporer, salez. Baissez le feu, couvrez et faites cuire environ 8 minutes. Réservez les seiches au chaud. Hors du feu, ajoutez le noir de seiche (dilué dans un peu d'eau chaude) dans la poêle avec le jus de cuisson des seiches et rectifiez l'assaisonnement.

2- Dans une casserole, faites revenir doucement le reste d'échalotes hachées avec 2 cuillères à soupe d'huile d'olive. Versez le riz et mélangez-les bien pendant 2 minutes à feu vif, jusqu'à ce qu'il devienne nacré. Mouillez avec le vin restant, laissez évaporer en remuant, salez. Terminez la cuisson à feu doux, en ajoutant le bouillon (environ 15 à 18 minutes).

3- Hors du feu, *mantecare* : incorporez la sauce noire de seiches chaude, le beurre et le parmesan. Couvrez et laissez reposer 2 minutes.

4- Servez *all'onda* (fluide) dans des assiettes chaudes et posez une seiche au milieu pour décorer.

RISOTTO AUX FRUITS DE MER

1 HEURE DE PRÉPARATION - 30 + 20 MIN DE CUISSON

POUR 6 PERSONNES

400 g de riz *Vialone Nano*

1 kg de moules

500 g de palourdes,
de coques et de praires

500 g de gambas crues
frais ou congelés

1 l de fumet de poisson

2 c. à soupe d'huile
d'olive

2 gousses d'ail

1 oignon

20 cl de vin blanc sec

1/2 botte de persil haché

20 + 50 g de beurre

30 g de parmesan

sel, poivre

1- Nettoyez bien les moules et les coquillages, mettez-les (en 2 fois) dans une grande casserole à feu vif pour qu'elles s'ouvrent avec la moitié du vin, 1 gousse d'ail, quelques brins de persil. Décortiquez-les (réservez-en une vingtaine pour décorer) et gardez-les dans un peu d'eau de cuisson filtrée, ajoutez l'eau restante au fumet de poisson.

2- Décortiquez les gambas. Pilez les carcasses pour préparer un fumet avec 1,5 litre d'eau. Dans une poêle, faites revenir 1 minute les gambas à feu vif avec 20 g de beurre, salez et poivrez.

3- Dans une casserole à fond épais, faites revenir 5 minutes, à feu doux, l'oignon et 1 gousse d'ail finement hachés dans l'huile d'olive. Versez le riz et mélangez-le à feu vif pendant 2 minutes, sans le colorer. Mouillez avec le vin, laissez évaporer tout en remuant, salez. Ajoutez le fumet chaud au fur et à mesure, mélangez souvent. Dès que le risotto est presque prêt, ajoutez les fruits de mer et les gambas, rectifiez l'assaisonnement.

4- Hors du feu, *mantecare* : incorporez 1 cuillère à soupe de persil haché, 50 g de beurre, le parmesan, couvrez et laissez reposer 2 minutes. Servez *all' onda* : bien fluide, et décorez avec les coquillages restants.

RISOTTO AUX CHAMPIGNONS DES BOIS

I HEURE DE PRÉPARATION - 20 + 20 MIN DE CUISSON

POUR 6 PERSONNES

400 g de riz *Carnaroli*

1 kg de champignons frais (cèpes, girolles, trompettes de la mort, etc.)

1,5 l de bouillon de viande

15 cl de vin blanc sec

2 c. à soupe de persil haché

4 gousses d'ail

3 ou 4 échalotes

5 c. à soupe d'huile d'olive

30 + 60 g de beurre

80 g de parmesan râpé

sel, poivre

1- Nettoyez les champignons, enlevez la terre du pied à l'aide d'un petit couteau. Lavez-les rapidement en les plongeant 2 fois dans l'eau claire, séchez-les sur un torchon. Coupez les gros champignons en morceaux. Dans une poêle antiadhésive, faites chauffer 1 cuillère à soupe d'huile d'olive et 10 g de beurre avec 1 gousse d'ail entière, ajoutez un seul type de champignons à la fois et faites-les cuire à feu vif, sans mélanger, jusqu'à ce qu'ils aient rendu toute l'eau. Salez et poivrez, remuez-les, baissez le feu et faites cuire encore 2 à 3 minutes. Répétez l'opération avec les autres champignons. Mélangez-les tous ensemble, ôtez l'ail, ajoutez le persil haché et réservez-les au chaud.

2- Faites chauffer le bouillon.

3- Dans une casserole à fond épais, faites revenir les échalotes et une gousse d'ail (sans germe), finement hachés, avec l'huile d'olive pendant 5 minutes à feu doux. Versez le riz et mélangez-le à feu vif 2 minutes, sans le colorer. Mouillez avec le vin, laissez évaporer, salez. Ajoutez au fur et à mesure le bouillon chaud, en remuant de temps en temps. Dès que le risotto est presque prêt, ajoutez les champignons, rectifiez l'assaisonnement.

4- Hors du feu *mantecare* : incorporez 60 g de beurre, le parmesan, couvrez et laissez reposer 2 minutes puis servez.

RISOTTO À LA TRUFFE BLANCHE ET PIGNONS

15 MIN DE PRÉPARATION - 20 MIN DE CUISSON

POUR 6 PERSONNES

400 g de riz *Carnaroli*

25 g (1 tube) de purée de truffe blanche de Alba (ou de la truffe blanche fraîche)

60 g de pignons de pin

1,5 l de bouillon de viande (page 6)

10 cl de vin blanc sec

1 oignon

2 c. à soupe d'huile d'olive

10 + 60 g de beurre

50 g de parmesan râpé

50 g de copeaux de parmesan

sel

1- Dans une poêle, faites chauffer 10 g de beurre et faites-y dorer les pignons.

2- Dans une casserole à fond épais, faites revenir 5 minutes à feu doux l'oignon finement haché avec l'huile d'olive. Versez le riz et mélangez-le à feu vif 2 minutes, sans le colorer. Mouillez avec le vin blanc, laissez évaporer en remuant, salez. Ajoutez au fur et à mesure le bouillon chaud, en remuant souvent.

3- Dès que le risotto est prêt (environ 18 minutes), incorporez, hors du feu, la purée de truffe blanche et rectifiez l'assaisonnement.

4- Ajoutez ensuite 60 g de beurre et le parmesan râpé, mélangez bien, couvrez puis laissez reposer 2 minutes.

5- Servez le risotto parsemé de pignons et de copeaux de parmesan.

RISOTTO AU POTIMARRON

20 MIN DE PRÉPARATION - 40 MIN DE CUISSON

POUR 6 PERSONNES

350 g de riz *Vialone Nano*

800 g de purée
de potimarron

1,5 l de bouillon
de volaille

4 échalotes

2 c. à soupe d'huile
d'olive

20 + 80 g de beurre

80 g de parmesan

2 pincées de noix
de muscade

2 pincées de cannelle
en poudre

poudre de 2 amaretti
secs (facultatif)

sel, poivre

1- Dans une poêle, faites revenir doucement 2 échalotes hachées avec 20 g de beurre, ajoutez la purée de potimarron et assaisonnez avec 2 pincées de noix de muscade fraîchement râpée et la cannelle, salez et poivrez.

2- Dans une casserole à fond épais, faites cuire doucement les 2 autres échalotes hachées avec 2 cuillères à soupe d'huile d'olive. Versez le riz et faites-le revenir sur feu vif 2 minutes, sans le colorer. Mouillez avec une louche de bouillon chaud, mélangez bien et salez. Poursuivez la cuisson, à feu moyen, ajoutez le bouillon au fur et à mesure, en remuant souvent. Au bout de 10 minutes, ajoutez la purée de potimarron et continuez à verser du bouillon.

3- Dès que le riz est cuit, rectifiez l'assaisonnement et incorporez, hors du feu, 80 g de beurre froid et le parmesan. Laissez reposer 2 minutes, à couvert.

4- Servez saupoudré de parmesan et de poudre d'amaretti ou de quelques morceaux de potimarron cuit poêlés au beurre.

RISOTTO ROUGE À LA BETTERAVE

20 MIN DE PRÉPARATION - 20 MIN DE CUISSON

POUR 6 PERSONNES

400 g de riz *Carnaroli*
ou *Arborio*

1,5 l de bouillon
de viande

15 cl de vin blanc sec

3 échalotes

2 c. à soupe d'huile
d'olive

60 g de beurre froid

60 g de parmesan râpé

40 g de copeaux
de parmesan

sel, poivre

**Pour la purée
de betterave**

3 betteraves cuites
rouges

2 échalotes

1 c. à soupe d'huile
d'olive

10 g de beurre

sel, poivre

1- Pour préparer la purée de betterave, dans une casserole,
faites revenir les échalotes finement hachées avec l'huile
d'olive et le beurre 3 minutes sur feu doux. Mixez-les avec
les betteraves cuites, salez et poivrez.

2- Dans une casserole à fond épais, faites revenir à feu doux
les échalotes, finement hachées, avec 2 cuillères à soupe
d'huile d'olive pendant 3 minutes, versez le riz et mélangez-
le 2 minutes sur feu vif ; mouillez avec le vin, laissez évaporer
en remuant, salez. Versez du bouillon chaud au fur et à mesure
que le riz l'absorbe et mélangez souvent.

3- Cinq minutes avant la fin de la cuisson du riz, ajoutez
la purée de betterave.

4- Dès que le riz est cuit (environ 18 minutes), rectifiez
l'assaisonnement et *mantecare* : incorporez, hors du feu,
le beurre froid et le parmesan râpé, couvrez et laissez
reposer 2 minutes.

5- Servez avec des copeaux de parmesan.

RISOTTO COQUILLES SAINT-JACQUES, SAFRAN

40 MIN DE PRÉPARATION - 50 MIN DE CUISSON

POUR 4 PERSONNES

450 g de riz *Carnaroli* ou *Arborio*

12 coquilles Saint-Jacques (ou plus)

10 cl de vin blanc sec

1,2 l de bouillon de légumes

1 oignon

3 c. à soupe d'huile d'olive

10 g de beurre

60 g de parmesan

sel, poivre

Pour la sauce

20 g de farine

40 g de beurre

20 cl de crème liquide

3 pincées de pistils de safran ou 2 doses de safran en poudre

40 cl de bouillon de légumes

1- Laissez infuser le safran dans 10 cl de bouillon. Dans une casserole, faites fondre le beurre, versez la farine et mélangez. Faites revenir 2 minutes, puis incorporez le bouillon chaud et la crème liquide, ajoutez le safran et faites cuire à feu doux 20 minutes. Laissez refroidir, la sauce doit être assez épaisse.

2- Dans une casserole, faites cuire 5 minutes à feu doux l'oignon, finement émincé, avec l'huile d'olive. Versez le riz, faites-le revenir 2 minutes à feu vif jusqu'à ce qu'il devienne nacré, mouillez avec le vin, laissez évaporer, salez, poivrez. Ajoutez une louche de bouillon très chaud, mélangez. Poursuivez la cuisson à feu moyen 14 minutes, en versant du bouillon au fur et à mesure que le riz l'absorbe, remuez souvent.

3- Hors du feu, incorporez 6 cuillères à soupe de sauce au safran et le parmesan. Étalez le risotto sur du papier sulfurisé, posé sur un plateau, et laissez refroidir.

4- Dans une poêle, faites revenir les coquilles Saint-Jacques coupées en rondelles épaisses avec 1 cuillère à soupe d'huile d'olive et une noix de beurre 1 minute, salez et poivrez.

5- Pressez le riz refroidi dans quatre petits moules individuels, pour mouler des galettes de risotto. Faites-les dorer dans une poêle bien chauffée des deux côtés jusqu'à ce qu'elles soient croquantes.

6- Servez la galette de risotto dans une assiette creuse, avec les coquilles Saint-Jacques sur la sauce chaude.

RISOTTO À LA SCAMORZA FUMÉE,
ROQUETTE ET NOIX

20 MIN DE PRÉPARATION - 20 MIN DE CUISSON

POUR 6 PERSONNES

400 g de riz *Carnaroli* ou *Arborio*

150 g de scamorza fumée (fromage)

80 g de roquette

300 g de noix fraîches (ou 60 g de cerneaux de noix)

1,5 l de bouillon de volaille ou de légumes

10 cl de vin blanc sec

1 oignon

2 c. à soupe d'huile d'olive

60 g de beurre

30 g de parmesan

sel, poivre

1- Coupez 6 fines tranches de scamorza (pour décorer le plat) et hachez finement le reste. Nettoyez la roquette, enlevez les tiges les plus longues, ciselez-la juste avant de l'incorporer au riz, sauf quelques feuilles pour la décoration. Cassez les noix et hachez les cerneaux grossièrement.

2- Pour préparer le risotto : dans une casserole à fond épais, faites revenir 5 minutes, à feu doux, l'oignon finement haché avec l'huile d'olive. Versez le riz et mélangez-le à feu vif 2 minutes jusqu'à ce qu'il devienne nacré. Mouillez avec le vin, laissez évaporer en remuant, salez. Ajoutez au fur et à mesure le bouillon chaud, en mélangeant souvent. En fin de cuisson (environ 18 minutes), incorporez la scamorza, la roquette et les noix (le tout haché). Rectifiez l'assaisonnement.

3- Hors du feu, *mantecare* : incorporez le beurre froid en morceaux et le parmesan. Couvrez et laissez reposer 2 minutes.

4- Servez décoré de fines tranches de scamorza et de feuilles de roquette fraîche.

RISOTTO AUX FOIES DE POULET
ET OIGNONS ROUGES

20 MIN DE PRÉPARATION - 25 MIN DE CUISSON

POUR 6 PERSONNES

400 g de riz *Carnaroli*

6 foies de poulet nettoyés

3 oignons rouges (250 g)

15 cl de marsala
(ou de vin doux)

4 à 5 brins de thym
ou feuilles de sauge

1,5 l de bouillon
de volaille

3 c. à soupe d'huile
d'olive

20 g + 50 g de beurre

80 g de parmesan râpé

sel, poivre

1- Coupez les foies de poulet en gros morceaux, poêlez-les rapidement (pour qu'ils ne durcissent pas, ils doivent rester rosés à l'intérieur) avec 1 cuillère à soupe d'huile d'olive et 20 g de beurre. Mouillez avec le marsala, laissez évaporer, salez et poivrez. Réservez.

2- Épluchez les oignons et coupez-les en fines rondelles. Faites-les revenir à feu doux dans une casserole à fond épais avec 2 cuillères à soupe d'huile d'olive et le thym pendant 5 minutes. Versez le riz, mélangez-le 2 minutes environ jusqu'à ce qu'il devienne nacré. Mouillez avec le bouillon chaud au fur et à mesure que le riz l'absorbe, en remuant souvent. Au bout de 10 minutes de cuisson, incorporez les foies de poulet, rectifiez l'assaisonnement.

3- Hors du feu, *mantecare* : incorporez 50 g de beurre puis le parmesan, couvrez et laissez reposer 2 minutes avant de servir.

4- Décorez avec des morceaux de foie et des rondelles d'oignons.

RISOTTO AU *RADICCHIO* DE TRÉVISE

25 MIN DE PRÉPARATION - 25 MIN DE CUISSON

POUR 6 PERSONNES

400 g de riz *Vialone Nano*

800 g de *radicchio* de Trévise tardif (chicorée rouge)

1,5 l de bouillon de viande (ou de légumes)

20 cl de vin rouge

4 ou 5 échalotes

4 c. à soupe d'huile d'olive

20 g + 50 g de beurre

80 g de parmesan râpé

sel, poivre

1- Pour préparer le *radicchio*, coupez une partie de la racine, en gardant 1 ou 2 cm, puis épluchez-la. Divisez le *radicchio* en quatre, dans le sens de la longueur. Lavez-le, séchez-le et coupez-le en morceaux de 3 cm. Dans une poêle, faites cuire la moitié des échalotes finement hachées avec 2 cuillères à soupe d'huile d'olive et 20 g de beurre 3 minutes à feu doux, ajoutez le *radicchio*, faites-le revenir 1 minute à feu vif, mouillez avec la moitié du vin rouge, laissez évaporer, salez, poivrez et faites cuire à feu moyen pendant quelques minutes encore. Il doit rester croquant. Réservez.

2- Dans une casserole à fond épais, faites cuire l'autre moitié des échalotes hachées avec 2 cuillères à soupe d'huile d'olive pendant 5 minutes. Versez le riz, faites-le revenir à feu vif, 2 minutes environ, jusqu'à ce qu'il devienne nacré. Mouillez avec le vin restant et laissez évaporer en remuant, salez. Ajoutez une louche de bouillon très chaud et poursuivez la cuisson à feu moyen, en versant du bouillon au fur et à mesure que le riz l'absorbe en mélangeant souvent. Dès que le risotto est presque cuit, ajoutez la sauce de radicchio chaude, poivrez et mélangez bien.

3- Hors du feu, *mantecare* : incorporez le beurre et le parmesan, couvrez et laissez reposer 2 minutes. Décorez avec des pointes de *radicchio* crues.

RISOTTO À LA SAUCISSE ET POIREAUX

30 MIN DE PRÉPARATION - 30 MIN DE CUISSON

POUR 6 PERSONNES

400 g de riz *Vialone Nano*

400 g de saucisse fraîche
(ou plus) de bonne qualité
(ou 8 chipolatas)

3 poireaux

1 oignon

1,5 l de bouillon
de légumes

15 cl de vin blanc sec

2 + 2 c. à soupe d'huile
d'olive

60 g de mascarpone
(ou 40 g de beurre)

80 g de parmesan râpé

sel, poivre

1 - Nettoyez les poireaux, coupez-les dans le sens de la longueur en bâtonnets de 4 à 5 cm puis faites-les cuire à la poêle avec 2 cuillères à soupe d'huile d'olive jusqu'à ce qu'ils soient dorés. Salez, puis réservez.

2 - Dans une casserole, faites revenir l'oignon finement haché et 100 g de saucisses coupées (ou 2 chipolatas) dans 2 cuillères à soupe d'huile d'olive, à feu moyen. Au bout de 3 minutes, versez le riz, mélangez bien à feu vif avec une cuillère en bois pour qu'il s'imprègne de l'assaisonnement et mouillez avec le vin. Salez, poivrez. Laissez évaporer avant de verser du bouillon au fur et à mesure que le riz l'absorbe. Mélangez souvent.

3 - Entre-temps, faites cuire les saucisses restantes à l'eau bouillante (ou au bouillon), ou dans une poêle antiadhésive sans matière grasse à feu doux (environ 5 minutes). Réservez au chaud.

4 - Cinq minutes avant la fin de la cuisson du riz, ajoutez les poireaux cuits, en en gardant une partie pour décorer l'assiette. Au bout de 15 à 18 minutes, quand le riz est cuit, vérifiez l'assaisonnement. Le riz doit être *all'onda* : bien fluide.

5 - Hors du feu, *mantecare* : incorporez le mascarpone et le parmesan, couvrez et laissez reposer 2 minutes.

6 - Servez avec une saucisse et des poireaux dessus.

RISOTTO AU CHOU VERT ET SPECK

20 MIN DE PRÉPARATION - 25 MIN DE CUISSON

POUR 6 PERSONNES

400 g de riz *Carnaroli*
ou *Arborio*

1 petit chou vert frisé

150 g de speck
en fines tranches
(jambon fumé du Tyrol)

1 oignon

1,5 l de bouillon
de volaille

10 cl de vin blanc sec

2 c. à soupe d'huile
d'olive

60 g de beurre

80 g de parmesan râpé

sel, poivre

1- Coupez la base du chou, détachez les feuilles, coupez
le cœur en quatre et faites-le blanchir le choux 2 minutes
dans l'eau bouillante. Égouttez-le, gardez 6 feuilles, les plus
dures, pour la décoration du plat puis coupez le reste
en lanières.
2- Dans une casserole à fond épais, faites revenir à feu doux,
dans l'huile d'olive, l'oignon finement haché pendant
4 minutes. Ajoutez ensuite le speck coupé en lamelles
et versez le riz au bout de 1 minute. Mélangez-le à feu vif
pendant 2 minutes jusqu'à ce qu'il devienne translucide,
mouillez avec le vin, laissez évaporer en remuant, salez
et poivrez. Versez une première louche de bouillon très
chaud et ajoutez le chou en lanières. Continuez la cuisson
à feu moyen, en versant du bouillon au fur et à mesure que
le riz l'absorbe ou en mélangeant souvent. Au bout de
18 minutes environ, le riz est cuit. Rectifiez l'assaisonnement.
3- Hors du feu, *mantecare* : incorporez le beurre
et le parmesan, couvrez et laissez reposer 2 minutes.
4- Dans chaque assiette, posez une feuille de chou
blanchie et servez le risotto dessus.

RISOTTO AU MONT D'OR ET NOISETTES GRILLÉES

15 MIN DE PRÉPARATION - 20 MIN DE CUISSON

POUR 6 PERSONNES

400 g de riz *Carnaroli*

1 boîte moyenne
de mont d'or / Vacherin
(750 g)

60 g de noisettes
décortiquées

2 petits brins de romarin

1,5 l de bouillon
de viande

10 cl de vin blanc sec

1 oignon

2 c. à soupe d'huile
d'olive

40 g de beurre

40 g de parmesan râpé

sel, poivre

1- Faites griller les noisettes quelques minutes à four chaud (180 °C) ou à la poêle. Enlevez leur peau puis hachez-les grossièrement.

2- Dans une casserole à fond épais, faites revenir l'oignon finement haché dans l'huile d'olive 5 minutes à feu doux. Versez le riz et mélangez-le à feu vif 2 minutes, sans le colorer. Mouillez avec le vin, laissez évaporer en remuant, salez, ajoutez les brins de romarin. Versez au fur et à mesure le bouillon chaud, en mélangeant souvent.

3- Dès que le risotto est prêt (environ 18 minutes), incorporez hors du feu, le mont d'or à l'aide d'une cuillère puis rectifiez l'assaisonnement.

4- Ajoutez le beurre et le parmesan, mélangez bien, couvrez et laissez reposer 2 minutes.

5- Servez le risotto parsemé de noisettes grillées.

RISOTTO AU SAFRAN À LA *MILANESE*

15 MIN DE PRÉPARATION - 20 MIN DE CUISSON

POUR 6 PERSONNES

450 de riz *Carnaroli*

1 c. à café de pistils
de safran (ou 3 doses
en poudre)

80 g de moelle de bœuf
(3 à 4 os) (facultatif)

1,5 l de bouillon de bœuf

10 cl de vin blanc sec

1 petit oignon

2 c. à soupe d'huile
d'olive

20 g + 60 g de beurre

100 g de parmesan râpé

sel, poivre

1- Gardez le bouillon chaud sur le feu, versez-en une louche dans un bol et laissez-y infuser le safran.

2- Faites cuire les os de bœuf 3 minutes dans le bouillon, retirez ensuite la moelle puis coupez-la en morceaux.

3- Dans une casserole, faites revenir, dans l'huile d'olive et 20 g de beurre, l'oignon finement haché et la moelle de bœuf en morceaux pendant 10 minutes à feu doux (l'oignon ne doit pas colorer). Versez le riz et mélangez-le avec une cuillère en bois pendant 2 minutes à feu vif jusqu'à ce qu'il devienne nacré. Mouillez avec le vin, laissez évaporer tout en remuant, salez et ajoutez une première louche de bouillon. Poursuivez la cuisson en versant du bouillon au fur et à mesure que le riz l'absorbe en mélangeant souvent. Ajoutez le safran à la fin de cuisson afin qu'il garde son arôme, rectifiez l'assaisonnement.

4- Hors du feu, *mantecare* : incorporez 60 g de beurre et le parmesan, couvrez et laissez reposer 2 minutes avant de servir.

RISOTTO AU GORGONZOLA ET POIRES

20 MIN DE PRÉPARATION - 25 MIN DE CUISSON

POUR 6 PERSONNES

450 g de riz *Carnaroli*
ou *Arborio*

200 g de gorgonzola

3 poires

1,5 l de bouillon de
volaille ou de légumes

10 cl de vin blanc sec

1 oignon

1 branche céleri

2 c. à soupe d'huile
d'olive

30 g de beurre

60 g de mascarpone

40 g de parmesan râpé

sel, poivre

1- Coupez 6 belles tranches de poires (pour décorer)
et poêlez-les 1 minute de chaque côté avec une noix de
beurre. Épluchez les poires restantes puis coupez-les en petits
dés. Coupez le gorgonzola en petits morceaux (ôtez la croûte).

2- Dans une casserole, faites cuire à feu doux l'oignon,
finement émincé, avec l'huile d'olive (5 minutes). Versez
le riz, faites-le revenir à feu vif jusqu'à ce qu'il devienne
nacré (2 minutes). Mouillez avec le vin et laissez évaporer
en remuant, salez. Ajoutez une première louche de bouillon
très chaud et poursuivez la cuisson à feu moyen, en versant
du bouillon au fur et à mesure que le riz l'absorbe
en mélangeant souvent.

Dès que le risotto est cuit (environ 18 minutes), ajoutez
les morceaux de gorgonzola et les dés de poire, poivrez
et mélangez bien.

3- Hors du feu, *mantecare* : incorporez le mascarpone
et le parmesan, couvrez et laissez reposer 2 minutes.

4- Servez avec la poire poêlée.

RISOTTO AUX POMMES DE TERRE,
PANCETTA ET ROMARIN

25 MIN DE PRÉPARATION - 25 MIN DE CUISSON

POUR 6 PERSONNES

350 g de riz *Vialone Nano*

500 g de pommes de terre farineuses

12 tranches fines de pancetta (poitrine fumée)

1 belle branche de romarin

1,5 l de bouillon de volaille (ou de légumes)

1 oignon

10 cl de vin blanc

2 c. à soupe d'huile d'olive

50 g de beurre

80 g de parmesan râpé

sel, poivre

1- Épluchez les pommes de terre puis coupez-les en dés.

2- Enlevez la couenne de la pancetta, coupez 6 tranches en lamelles et poêlez les tranches entières restantes, sans matière grasse, jusqu'à ce qu'elles soient croustillantes.

3- Dans une casserole à fond épais, faites revenir à feu doux l'oignon finement haché dans 2 cuillères à soupe d'huile d'olive pendant 3 minutes. Ajoutez ensuite les lamelles de pancetta, les pommes de terre et le romarin ; mélangez à feu vif 2 minutes. Incorporez le riz, en remuant, avant de mouiller avec le vin, laissez évaporer, salez et poivrez. Ajoutez une première louche de bouillon et poursuivez la cuisson en versant du bouillon au fur et à mesure que le riz l'absorbe en mélangeant souvent. Au bout de 15 à 18 minutes, quand le riz est cuit, vérifiez l'assaisonnement.

4- Hors du feu, *mantecare* : incorporez le beurre et le parmesan, couvrez et laissez reposer 2 minutes.

5- Servez avec une tranche de pancetta grillée chaude dessus.

RISOTTO AUX FRAISES

15 MIN DE PRÉPARATION - 20 MIN DE CUISSON

POUR 6 PERSONNES

400 g de riz *Vialone Nano*
(de préférence)
500 g de fraises
bien parfumées
1,5 l de bouillon
de légumes
1 oignon
2 c. à soupe d'huile
d'olive
20 g de beurre
10 cl de vin blanc sec
80 g de mascarpone
80 g de parmesan râpé
sel, poivre

**Pour l'huile au persil
(facultatif)**
1 botte de persil
10 cl d'huile d'olive
sel fin

1 - Nettoyez les fraises, coupez-les en quartiers, sauf une douzaine (les plus petites) que vous garderez pour la décoration.

2 - Dans une casserole, faites fondre le beurre avec l'huile, versez le riz, remuez 2 minutes jusqu'à ce qu'il soit bien enrobé de l'assaisonnement et devienne nacré. Mouillez avec le vin, mélangez bien. Dès qu'il s'est évaporé, ajoutez du bouillon, au fur et à mesure que le riz l'absorbe. Salez et poivrez.

3 - Pour préparer l'huile au persil, mixez les feuilles de persil avec l'huile d'olive et 1 pincée de sel. Si vous voulez la filtrer, laissez reposer au moins 3 heures (elle peut se conserver quelques jours au frais).

4 - Goûtez le riz au bout de 15 minutes de cuisson, incorporez les fraises en quartiers et éteignez le feu si le riz est cuit.

5 - Ajoutez le mascarpone et le parmesan râpé, couvrez et servez 2 minutes après. Décorez avec quelques gouttes d'huile au persil et les fraises restantes.

© Hachette Livre (Marabout) 2011
ISBN : 978-2-501-07204-5
40-5200-7
Achevé d'imprimer en janvier 2011
sur les presses d'Impresia-Cayfosa